ALTDEUTSCHE TEXTBIBLIOTHEK

Begründet von Hermann Paul †
Fortgeführt von G. Baesecke †
Herausgegeben von Hugo Kuhn

Nr. 51

Herrand von Wildonie

Vier Erzählungen

Herausgegeben

von

Hanns Fischer

MAX NIEMEYER VERLAG / TÜBINGEN 1959

Alle Rechte vorbehalten
Copyright by Max Niemeyer Verlag, Tübingen 1959
Printed in Germany
Satz und Druck: Buchdruckerei H. Laupp jr, Tübingen

Einleitung

Die vier kleinen Verserzählungen Herrands von Wildonie, des bekannten steirischen Ministerialen aus der Zeit des Interregnums, sind nur in der 250 Jahre jüngeren Handschrift Ser. Nov. 2663 der Österreichischen Nationalbibliothek in Wien (Bl. 217 [ra] bis 220 [va]), dem sogenannten Ambraser Heldenbuch[1]) überliefert. Was vom alten Wortlaut durch die frühneuhochdeutsche, tirolisch gefärbte Sprachform[2]) hindurch erkennbar geblieben ist, bietet für eine Rekonstruktion des ursprünglichen grammatischen und orthographischen Bildes keine genügend sichere Grundlage[3]). Nach dem Vorgang früherer Herausgeber gebe ich daher dem Text unter Verzicht auf dialektologische Ambitionen die gewohnte Gestalt unserer großen mittelhochdeutschen Editionen, um so die als Sprachdenkmal verlorenen Gedichte wenigstens als Literaturdenkmal wieder zugänglich zu machen. Die Ergebnisse älterer textkritischer Forschung, vor allem die der beiden Gesamtausgaben von J. Bergmann und K. F. Kummer, sind kritisch gesichtet und zum Teil verwertet worden;

---

[1]) Zuletzt beschrieben durch F. Unterkircher, Der Schlern 28 (1954) S. 4–15.

[2]) Vgl. Th. P Thornton; Die Schreibgewohnheiten Hans Rieds im Ambraser Heldenbuch. Diss. (John Hopkins University) Baltimore 1954.

[3]) Dies gilt mit geringen Ausnahmen auch für die übrigen Texte dieser Handschrift; vgl. z. B. 'Erec' (Leitzmann ATB 39), 'Kudrun' (Symons-Boesch ATB 5), 'Moritz von Craûn' (Pretzel ATB 45), 'Meier Helmbrecht' (Panzer ATB 11), 'Böse Frau' (Helm ATB 46).

an Stelle der Handschrift wurde eine von der Wiener Bibliotheksverwaltung freundlich besorgte Fotokopie benutzt.

Der Apparat ist bewußt klein gehalten; er belegt nur die lautlich bedeutsamen (nicht die rein orthographischen) Abweichungen von der handschriftlichen Lesung, soweit sie nicht bereits in der Einleitung summarisch genannt werden. An Emendationsvorschlägen sind, von wenigen Ausnahmen abgesehen, nur die in den Text aufgenommenen und zwar jeweils mit Bezeichnung ihres Urhebers im Apparat angeführt. Lediglich durch Kursivsatz im Text sind die mit Rücksicht auf Rhythmus und Wortbild ergänzten (vom Schreiber meist ganz planlos syn- und apokopierten) *e*, ferner die wieder eingefügten (verallgemeinernden) *s-* kenntlich gemacht.

In folgenden Punkten wurde grundsätzlich vom überlieferten Wortlaut abgegangen:

1. Orthographie und Lautstand:

Nach Maßgabe der Etymologie ist *ei (ey)* durch *î*; *au (aw)* durch *û* oder *ou (ouw); eu (ew)* durch *iu (iuw); ai* durch *ei* (selten *î*); *ů (u)* durch *uo*; (selten *ů* durch *u*); *e (ẹ)* durch *æ; ee* durch *ê* oder *e*; überall *y* durch *i* wiedergegeben. Vereinfacht sind etymologisch nicht gerechtfertigte Konsonantengeminationen, erleichtert sonstige Konsonantenhäufungen (*tz, rtz, mb, mbd, gk, ck* usw.). Die Schreibung von *b* und *p*; *d* und *t*; *g* und *c*; *k* und *c*; *ch* und *k*; *s (ss)* und *z*; *f* und *v*; *v* und *u*; *j* und *i* ist ebenso wie Worttrennung und Wortverbindung in der üblichen Weise geregelt. Ersetzt ist weiterhin *th* durch *t*; *cht* durch *ht*; seltenes *pf* durch *ph*; wo erforderlich auch *zw* durch *tw* und *sch* durch *s*. Abkürzungen (*n̄ = en*; selten *ē = en* und *ͤ = r*) sind aufgelöst. Majuskeln sind nur für Eigennamen und Abschnittsanfänge verwendet.

2. Formen und Wörter:

Wiederhergestellt ist die hsl. durchwegs zu *-e* abgeschwächte Endung *-iu*, ebenso der Artikel *diu* aus hsl. *die*. Das Pronomen der 3. Person Nom. (Acc.) Sg. Fem. und Nom. (Acc.) Pl. (hsl. *sy*) ist durch *sî* (Reimbeleg: III, 659 f.) wiedergegeben, der hsl. meist ungeschiedene Dat. und Acc. Pl. des Personalpronomens der 2. Person durch *iu* bzw. *iuch*, hsl. *da* (hsl. *do* begegnet selten) bei temporalem Sinn durch *dô*, bei lokalem durch *dâ*. Geregelt ist schließlich die schwankende Schreibung der mit *dâ, dar* verbundenen konsonantisch anlautenden Präpositionaladverbien und zwar in folgender Weise: *dâ* vor *bî, für, vor, von, nâch, hinder;* dar vor *zuo, nider.* Ständig ersetzt sind außerdem folgende hsl. Schreibungen: *rewter* (und ähnlich) durch *ritter; mare* durch *mære; sölch* (und flektierte Formen) durch *solh* (und flektierte Formen); *ymmer, nymmer* durch *iemer, niemer; yemand, niemand* durch *ieman, nieman; yndert (ynndert), nindert* durch *iendert, niendert; nit* (und *nicht*) durch *niht; (ir) solt* durch *(ir) sult; waynende, wainende* (III, 525 einmal *wainde*) durch *weinent; awe* durch *owê.*

Verwendete Siglen:

Ba = Bartsch (GGA)
Be = Bergmann (Ausgabe)
F = Fischer
He = Heinzel (in Kummers Ausgabe)
Ha = von der Hagen (Ges. abent.)
K = Kummer (Ausgabe)
La = Lambel (Erz. u. Schw.[1])
L = Lambel (Zs. f. d. ö. Gymn.)
S = Schröder (GGN)
Z = Zingerle (AfdA)

Die Lesart der Handschrift ist stets ohne Sigle angeführt.

Bibliographie

I. Ausgaben

Joseph Bergmann: Des steyermärkischen Herrn und Sängers Herant von Wildon vier poetische Erzählungen aus der Mitte des dreyzehnten Jahrhunderts. (Wiener) Jahrbücher der Literatur. Anzeigeblatt für Wissenschaft und Kunst Nr. 95 (1841) S. 1-32. Nr. 96 (1841) S. 32-54.

Karl Ferdinand Kummer: Die poetischen Erzählungen des Herrand von Wildonie und die kleinen innerösterreichischen Minnesinger. Wien 1880.

Friedrich Heinrich von der Hagen: Gesammtabenteuer. Stuttgart und Tübingen 1850. Bd. II S. 332–347 (= Nr. XLIII) [*'Der betrogene Gatte'*]; Bd. III S. 713–719 (Anhang) [*'Die treue Gattin'*].

Hans Lambel: Erzählungen und Schwänke. Leipzig ¹1872. S. 191 bis 210 und ²1883. S. 203–223 (= Deutsche Classiker des Mittelalters 12) [*'Der betrogene Gatte'*].

II. Abhandlungen

Karl Ferdinand Kummer: Das Ministerialengeschlecht von Wildonie. Arch. f. österr. Geschichte Bd. 59 (1880) S. 177–322 *[Biographisches]*.

Edward Schröder: Herrand von Wildon und Ulrich von Liechtenstein. Nachrr. d. kgl. Gesellschaft d. Wissenschaften zu Göttingen. Phil.-hist. Kl. 1923. S. 33–62 *[Sprache, Verstechnik, Quellenfrage, Textkritik]*.

Alfred Kracher: Herrand von Wildonie. Politiker, Novellist und Minnesänger. Blätter für Heimatkunde (Hrsg. vom Historischen Verein für Steiermark) 33 (1959) S. 40-53.

Textkritische Beiträge enthalten noch folgende Besprechungen der Ausgabe Kummers:

Göttingische gelehrte Anzeigen 1881, S. 1234–1244 (Karl Bartsch),

Zs. f. d. österr. Gymnasien Bd. 33 (1882) S. 215–228 (Hans Lambel),

Anzeiger f. dt. Altert. Bd. 7 (1881) S. 151–164 (Oswald Zingerle).

Weitere Literatur ist verzeichnet:

Die deutsche Literatur des Mittelalters. Verfasserlexikon.
  Hrsg. von W. Stammler und K. Langosch. Bd. II. Berlin und Leipzig 1936. Sp. 429 f.

Deutsche Liederdichter des 13. Jahrhunderts.
  Hrsg. von C. von Kraus. Bd. II (Kommentar) Besorgt von H. Kuhn. Tübingen 1958. S. 635.

I

Die treue Gattin

Diu getriu kone

|| Wir suln von lieben dingen sagen [CCXVII ra]
und leider mære gar gedagen,
wan sî tuont wê dem herzen gar.
ich hân alliu mîniu jâr
mit leiden mæren her verzert, 5
dâ von ich freuden bin behert.
wan guotiu mære machent frô;
diu leiden hânt getân mir sô,
daz ich ir willeclîche enbir.
swâ diu wal stât an mir, 10
dâ wel ich daz mir rehte kumt
und mich an mînen freuden frumt.
nu ist daz mîn meistez leit,
daz mir diu wal ist gar verseit.
sît mir nieman niht wil sagen 15
daz mir von rehte müge behagen,
sô bin aber ich sô wol gemuot,
daz ich vil lieber sage guot,
dan daz mir niht gezæme
und ieman freude næme. 20
dâ von wil ich ein mære sagen,
daz iu von rehte muoz behagen:

Überschrift: Ditz půechel haysset die getrew kone. 1 suln *Be*] sůllen. 8 hânt *K*] han. 9 enbir *K*] empier. 10 swâ *Be*] wo. 19 dan *Ha*] daz. 20 sein *vor* fr. *streicht Ba.*

Ein ritter het ein schœne wîp,
diu was im liep als sîn lîp;
daz was billîch. ir schœne was 25
durchliuhtic als ein spiegelglas
dar zuo was sî envollen guot.
swâ ein wîp ist sô gemuot,
daz sî bî schœne güete hât,
der lîp billîch ze loben stât. 30
diu reine was sô êrbære,
daz ir man kein herzenswære
von den dingen nie gewan;
dâ von mohte er sî gerne hân.
sî was an zühten sô volkomen, 35
daz nie niht wart von ir vernomen,
daz man für unzuht mohte hân;
dar umb was sî ouch liep ir man.
sî bôt ez sînen friunden wol,
den gesten, als ein frum wîp sol. 40
ir wirt was an dem lîbe ein man,
daz er was niht sô wolgetân,
als er ez gerne het gesehen.
von im wil ich der wârheit jehen:
er was gerumphen unde klein. 45
der ritter vor den liuten schein,
als er wær hundert jâr alt;
des er doch niht gên ir entgalt:
er dûhte sî schœne als Absolôn
und sterker danne Sampsôn. 50
in ir herzen wart nie man,
den sî für in wolte hân.

---

vor 23 neue Überschrift: Hie hebt sich an das pûechel. 27 envollen
F] den vollen. 28 swâ *Be*] wo. 34 mohte *F*] möcht. 37 mohte *F*]
möchte. 38 sî *ergänzt K*. 47 er *Be*] es. 48 des er *Ha*] daz es; gên
Be] gegen. 49 schœne *K*] schôner. 51 ir *F*] irem.

daz machte ir grôziu frümikeit,
daz ander: er was gar bereit
ze alle diu, daz iemer man   55
an allen êren mac begân.
daz tet er allez völliclîch,
als ob er wære ein keiser rîch
gewesen und ein der schœnste man,
den al diu werlt ie gewan.   60
willic sînes muotes,
sînes lîbes, sînes guotes,
was er gar den undertân,
an den er êre solte begân.
dâ von wart sîn unflætikeit   65
in allen landen hingeleit.
  Nu kam ez nâch gewon || heit,   [CCXVII rb]
daz dem ritter wart geseit
von einem urlouge grôz.
dar fuor vil manic sîn genôz;   70
dar fuor ouch er durch sînen muot
und tet ez dâ sô rehte guot,
daz man im dâ des prîses jach
für alle die, *die* man dâ sach
(und wære er dâ heime beliben,   75
sô müeset ir iuch hân verzigen,
daz ich iu niemer het geseit
von aller sîner frümikeit).
dô er daz beste het getân,
dô muose ouch er aldâ enphân   80
etelîchez herzenleit,
daz manigem was vil unbereit,
der ze hinderst was dâ bî

---

53 machte *Be*] machet; frümikeit *K*] frûmbkait.   55 ze *Be*] zû.
59 schœnste *Be*] schôneste.   60 al diu werlt *Be*] alle die welt.
64 solte *Be*] sôlte.   74 *ein zweites* die *ergänzt Ba*.   77 het *He*] han.
78 frümikeit *K*] frûmbkait.   80 muose *F*] mûst; enphân *Be*] emphan.

(von dem bin ich der sage frî).
ein ouge im ûzgestochen wart 85
von einem, der sich ûf in spart
al die zît und in dô neit
umbe alle sîne frümikeit.
dem ritter tet sîn smerze wê,
iedoch klagte er daz michels mê, 90
als er sîn wîp an solte sehen,
daz ir wær leit an im geschehen.
wan ir leit daz was daz sîn,
sîn leit was ouch ir leides pîn.

Sîner swester sun der wart 95
sîn gereise ûf diser vart;
er was im ouch durch zuht verlân.
den nam er von den liuten dan
und sprach: «getriuwer friunt, nu var
und sage der reinen süezen klâr, 100
mîn dinc sich habe gefüeget sô,
daz ich sî iemer mêr unfrô.
ich was ê niht ein flætic man,
nu habe mir got alsô getân,
daz ich mich schame, daz sî billich, 105
und welle ouch alliu tiutschiu rîch
rûmen und alliu diu lant,
dâ ich bî namen bin bekant.
und sage der süezen, daz ir bî
mîn herze in allen landen sî, 110
swar ich iemer mêr süle komen.
ich habe dâ nie von ir vernomen
offenbâr noch heimlich,
dâ mit sî habe versmæhet mich.
ir zuht sî habe des niht erlân, 115

---

87 und *K*] v̂ntz. 88 frümikeit *K*] frúmbkait. 90 klagte *Be*] klaget.
107 rûmen *Ha*] paŵen. 111 swar *S*] wohin; süle *F*] sol.

sî habe die êre mir getân,
daz ir diu werlt sol dester baz
sprechen. friunt, nu sage ir daz,
ich müge sî niemer mêr gesehen.
du solt ir des von mir verjehen: 120
ir schœnem lîbe, ir varwe klâr,
den müese ich sîn ein marter gar,
solte ich ir fürbaz wonen bî.
der marter sol sî wesen frî.
sît ich ir niht gedienen mac, 125
sô sol auch sî deheinen tac
von mir gewinnen niemer leit.»
  Der bote weinent von im reit
und kam hin, dar er wart gesant.
diu frouwe gienc gên im zehant 130
sî vienc in zuo ir unde sprach:
«vor maniger zît ich nie gesach
deheinen boten alse gern,
und wilt du lieber mære wern
mich, friunt, von dem neven dîn. 135
sage an: ist frô der hêrre mîn?»
daz kindel weinent sprach gên ir:
«er hât enboten, frouwe, dir
sîn dienest, unde swâ er sî
sô wone dir doch sîn herze bî. 140
daz hâst du wol gên im versolt.
ez habe nie schœne wîp gedolt
mit solhen zühten keinen man,
und der als übel wær getân.
sîn lîp || wær dir ievor ze swach, [CCXVII rc] 145
nu sî ein solher ungemach
im geschehen, daz er dir bî

---

121 schœnem lîbe *K*] schonen leib. 122 marter *Be*] martrer.
130. 137. 141 gên *Be*] gegen. 135 friunt *He*] freüt; neven *S*] neuen.
138 enboten *Be*] empoten. 139 swâ *Be*] wo. 145 ievor *S*] ye.

ze smæhe an dînem bette sî
und müge dich niemer mêr gesehen.»
diu reine sprach: «was ist geschehen   150
im, an dem mîn freude stât?»
der bote sprach: «ein ouge er hât
verlorn und doch vil ritterlîch.»
diu guote sprach: «friunt, triuwen rîch,
nu renne balde und bite in komen,   155
und ich habe von im vernomen
daz mir fürwâr gevalle niht.
des smerzen habe ich mit im phliht
billîchen, wan ez ist ein lîp.
ich bin ouch sô gemuot ein wîp,   160
daz mir ist als liep mîn man:
und solte er tûsent ougen hân
(und daz im diu stüenden wol),
sô wil ich unde billîch sol
sîn einic ouge hân sô zart,   165
daz mîn herze daz bewart,
daz ez gedenken müge dar an,
ob ez im übel süle stân.»
«frouwe, ich sol dich triegen niht:
mîn reise diu ist gar enwiht.   170
dâ von lâ mich belîben hie.
nu weist du wol, daz er daz nie
gegen dir kein zît gebrach,
swaz er ernestlîchen sprach.»
«nu wolte got», diu reine jach,   175
«daz an mir al sîn ungemach
læge, und daz er wære ein man,
als schœne, als er sich wolte hân.
ich hœre daz wol, ich muoz enbern

---

148 smæhe *K*] schmahe. 153 verlorn *Be*] verloren. 154 guote *Be*] guete. 168 süle *Be*] solle. 177 læge *Be*] lage. 179 muoz *Be*] mues; enbern *K*] emperen.

sîn, den ich doch hete gern. 180
daz ist ein jâmerlîchiu nôt,
wan âne in sô bin ich tôt.
nu bite ich, lieber friunt, dich,
daz du in sehest noch durch mich,
und füerest im mîn kleinât hin. 185
nu warte mîn, unlange ich bin.»
diu guote gienc von im zehant
in ir kemenâten, dâ sî vant
ein schære, und stach vil balde dar
ir selben ûz ein ouge gar, 190
daz ez ir über ir wengel ran.
also bluotic gie sî dan
für den boten; der erkam.
mit beiden handen er sich nam
ze hâre und schrei: «wê iemer ach, 195
sô grôziu dinc ich nie gesach!
frouwe guot, waz sol daz sîn?»
sî sprach: «nu sage dem hêrren dîn,
daz er her kume und sehe mich an:
dunke ich in noch ze wolgetân, 200
ich neme dem andern sînen schîn.
sô liep ist er dem herzen mîn.
und welle ich im verwîzen iht,
daz er mit einem ouge siht,
sô müge er wol von wârheit jehen, 205
ich müge ouch wan mit einem sehen.»
sî sprach: «var hin, *vil* lieber knabe,
und bite in des, daz er sî abe
solhes muotes und her kome
daz sî im iemer an mir frome» 210
    Der knabe weinent von ir gie,
wan im wart sô leide nie.

---

185 füerest *S*] füer. 193 erkam *L*] dar kam. 207 vil *ergänzt S.*

er saz ûf, im was vil gâch.
als er den hêrren sîn ansach,
weinent lief er gên im dar 215
und sagte im allez daz vil gar,
daz er dâ heime het gesehen;
und swes diu guote het verjehen,
des selben er aldâ gewuoc.
der ritter sich zen brüsten sluoc, 220
er sprach: «owê mir iemer wê!
ich het dar baz geriten ê.
|| ach, daz ich ie wart geborn! [CCXVII va]
wie hât mîn schœne wîp verlorn
ir ouge. wê daz ich ie wart!» 225
der hêrre von der swarten zart
sîn hâr. ein ritter zuo im spranc,
der sprach: «nu habe sî iemer danc;
sî hât iu daz erzeiget wol,
daz sî ist gên iu triuwen vol.» 230
daz wort im alse nâhen gie,
daz er ein kraft dâ von gevie
und dâhte: «mir sagt wâr der man.
ich wil sî dester lieber hân.
wan sî hât erzeiget mir, 235
daz sî hât gên mir friundes gir.»
er sprach zem boten: «balde var,
vil lieber friunt, und bewar,
daz sî ir mêr iht schaden tuo.
ich strîche spâte unde fruo 240
zuo der vil reinen wandels frî.
und sage ir, daz ich iemer sî
nâch ir willen umb die tât,
die sî an mir erzeiget hât.»

---

215 gên *Be*] gegen. 216 sagte *K*] saget. 217 dâ heime *Be*] dahaymen.
218 guote *Be*] guete. 220 zen *Be*] zun. 224 verlorn *Be*] verloren.
237 zem *Be*] zu dem. 239. 240 tuo: fruo *Be*] thue: frue.

>Er îlte nâch im, im was gâch. 245
als er die minniclîchen sach.
vor liebe weinent lief er dar.
diu reine minniclîche klâr
sprach: «friunt, lieber hêrre mîn,
du solt mir willekomen sîn.» 250
der hêrre sprach: «owê, wie sol
ich, liebiu, dich ergetzen wol
dînes smerzen, den dîn lîp
hât durch mich, vil wîplich wîp,
enphangen? wê der mînen tât, 255
die mîn lîp begangen hât!»
diu guote sprach: «und wilt du mich
ergetzen wol, daz lêre ich dich,
sô solt du des getrouwen mir,
daz niuwan gên dir stê mîn gir; 260
und lâz ouch mich dir wol behagen.
und solte ich tûsent ougen tragen
und gevielen dir diu niht,
sô solten sî mir sîn enwiht.»
 Swer vor die frouwen gerne sach 265
durch die schœne, der man ir jach,
der sach sî nu vil lieber an
durch die triuwe, die sî ir man
erzeiget het; daz was billîch,
wan sî was schœne und triuwen rîch. 270
dâ von sî baz ze loben stât
dan manigiu, diu zwei ougen hât.
 Swaz noch getriuwer konen sî,
die tuo got alles leides frî.
den allen sol ich sîn bekant 275
von Wildonie Herrant.

---

255 enphangen *Be*] emphangen. 260 niuwan *K*] nùn; g. d. stê *F*] stee g. d. 268 die sî ir *Be*] diser. 274 tuo *Be*] thue.

II

Der betrogene Gatte

Der verkêrte wirt.

|| Âventiure swer die seit, [CCXVII vb]
der sol die mit der wârheit
oder mit geziugen bringen dar:
ob ez ein hübscher habe für wâr,
sô wil lîhte ein unhübscher jehen, 5
ez enhabe nieman gesehen.
sus getânez strîten
wil ich an disen zîten
zerfüeren mit der wârheit.
wan mir ein ritter hât geseit 10
dise âventiure,
des lîp ist sô gehiure
und an êren sô volkomen:
swaz ich hân von im vernomen,
daz ich daz mit êren mac 15
wol breiten an den liehten tac.

    Her Uolrîch von Liehtenstein,
der ie in ritters êren schein,
sagte mir ditz mære,
daz ein ritter wære 20
ze Friûl gesezzen
(und hât er sîn vergezzen,

Überschrift: Das púechel haysset der verkerte wirt. 1 Âventiure *Be*] Abentewr. 5 wil lîhte *F*] villeichte. 6 ez enhabe *Ha*] yetzñ hab. 7 sus *Be*] sunst. 11 âventiure *Be*] abenthewr. 16 breiten *Be*] beraiten. 18 in *ergänzt Be.*

daz er in mir niht hât genant,
sô tuon ouch ichz iu niht bekant).
der selbe ritter het ein wîp, 25
diu het ein *al*sô schœnen lîp,
daz sî was guot ze sehen an;
dâ bî was vil alt der man.
sîn hof an einer eben*e* lac;
dâ hinder was ein schœne hac. 30
ûz gên dem hag*e* ein ärker gie,
dâ er des nahtes ruo enphie.
nu was gesezzen nâch bî in
ein ritter, der het sînen sin
gewendet an ditz schœn*e* wîp. 35
dem selben ritter was der lîp
ze solhen dingen wol gestalt,
des er niht gegen ir entgalt.
nu er gedienet het sô vil,
daz diu frouwe im gap ein zil, 40
wie sî im lônen wolte:
der ritter gerne dolte
disiu mære, wan er nie
so rehte guotiu mære enphie.
der bot*e* sprach: «mîn frouwe iu hât 45
enboten, daz ir lîse gât
hin zuo dem hûse und in dem hage
wartet und*e* vor dem tage
gâhet under den ärker.
dâ vindet ir nâch iuw*e*r ger 50
an einer snuor ein vingerlîn
hangent, daz diu frouwe mîn

---

26 alsô *S*] so. 31 gên *Be*] gegen; ärker *Be*] aᵉgker. 32 ruo *K*] rue; enphie *Be*] emphie. 33 nâch *Be*] nahen. 35 gewendet *F*] gewonet. 40 im g. *Be*] g. im. 44 enphie *Be*] emphie. 46 enboten *K*] empoten. 47 dem hage *Be*] den h. 49 ärker *Be*] aᵉgker.

hât gebunden an ir fuoz.
daz ziehet; al zehant sî muoz
sîn werden inne, daz ir sît 55
hie; und kumt iu an der zît.»
  Der ritter sleich hin bî der naht,
als sîn diu frouwe het gedâht.
er vant snuor und daz vingerlîn
hangent nâch dem willen sîn. 60
dô greif er zuo und zucte dar.
nu wart der wirt der snuor gewar,
wan sì im gie über ein sîn bein.
dô in daz twanc, er wart enein,
er wolte wecken niht sîn wîp 65
und doch besehen, waz im den lîp
besiffelt; stille greif er dar.
nu wart er schiere des gewar,
wâ diu snuor gebunden was.
die selben snuor er alles las 70
unz an ein ende in sîne hant.
dô er daz vingerlîn dâ vant,
dô erschrac sîn alter lîp.
er dâhte: «ez wil niht wol mîn wîp.»
vor leide im viel daz vingerlîn 75
unwizzent von der hende sîn.
er spranc ûf von dem bette sîn
und || lief, dâ er ein türelîn [CCXVII vc]
wiste gênde in daz hac.
der ritter, der dâ wartens pflac, 80
gedâhte: «ez ist diu frouwe mîn.»
dô er daz kleine türelîn
hôrte ûfgân, er gâhte dar.

---

53 ir *Be*] iren. 55 ir *Be*] irs. 59 die *vor* snuor *streicht L*. 60 hangent *S*] hangen. 61 zucte *Be*] zugkhete. 63 das *vor* ein *streicht Be*. 69 wâ *K*] wo. 70 selben *Ha*] selbe. 71 als *vor* in *streicht Be*. 76 unwizzent *La*] unwissende. 79 wiste *Be*] wisset. 83 hôrte *Be*] hôret.

der wirt erwischte in bî dem hâr
und schrê nâch dem gesinde sîn. 85
der gast gedâhte: «wer ich mich dîn,
sô kumt diu frouwe mîn in wort,
sô bin ich an den êren mort.
ich hân mich schiere dir benomen.
du bist ân swert und mezzer komen: 90
sô hân ich bî mir mîne wer;
dâ von hân ich dir überher.»
von des wirtes ruof erschrac
diu frouwe, diu vor slâfes phlac.
sî zucte balde an sich ir wât 95
und dâhte: «owê, mîn man der hât
disen ritter funden hie.»
sî lief, niht blîde sî dar gie,
und spranc ze in beiden in daz hac.
iezuo der obe, der under lac. 100
sî sprach: «wie nu, waz sol daz sîn?
vil lieber wirt, bedarft du mîn?»
er sprach: «dâ wiste ich gerne, wer
dirre wære, der mir her
ist bekomen ûf mînen schaden.» 105
sî sprach: «des wirst du lîhte entladen.
gip mir in her und brinc ein lieht;
und gibe ich dir hin wider niht,
waz du mir gîst in mîne hant,
sô habe mîn houbet dir ze phant.» 110
der wirt gedâhte: «lâze ich sî gân
dâ hin, dâ mêr dan zehen man
ligent, unde zünden lieht,

---

84 erwischte *S*] derwischet. 86 wer *Be*] were. 90 ân s. u. m. *Be*]
one s. vnd on m. 93 ruof *Be*] rûeff. 99 ze in *F*] zu in. 100
iezuo *Be*] yetzo; ander *vor* under *streicht Be*. 102 bedarft *Be*]
bedarfst. 103 wiste *Be*] wisset. 104 dirre *Be*] diser; mir *Ha*] mein.
113 zünden *Ha*] zündent.

ich wæn mêr schaden dâ geschiht
danne von dem einen hie.» 115
er sprach: «nemt hin und merket, wie
ich iu bevilhe disen man.
und lât ir in, sô sît ir dran
schuldic, daz er her ist komen:
sô wizzet, daz iu wirt benomen 120
hie der lîp an sîner stat.»
die frouwe sprach: «swaz ir mir lât,
daz wil ich iu hin wider geben,
oder ir nemt mir mîn leben.»
er gap in ir und lief dâ hin 125
nâch einem lieht, daz was sîn sin.
der ritter sprach: «ich bin her komen
iu leider, frouwe, niht ze fromen.»
diu frouwe sprach: «gêt, wartet mîn
hin in den hof.» «des mac niht sîn,» 130
sprach der ritter, «schœne wîp.
nu habt ir für mich iuwern lîp
besat; ê danne ich den verlür,
den tôt ich ê mit willen kür.»
sî sprach: «nu sorget niht umb mich!» 135
er kuste sî: «got der segene dich!»
waz sî dô tet, daz weiz ich wol,
und weiz, wie ichz iu nennen sol:
wan einen esel, den sî vant,
den nam diu frouwe sâ zehant 140
bî sînen ôren und habte in.
nu hât daz kunter solhen sin,
daz ez im niht wol gezimt,
swer ez bî den ôren nimt.

---

118 dran Be] daran. 126 lieht Ha] liechte. 128 fromen Be] frumen.
133 besat Be] besetzet. 136 kuste K] kůsset. 140 sâ zehant Be]
so ze h. 141 habte La] habet.

daz kunter hinder sich dô gie; 145
daz hac enwart sô dicke nie,
ez endente sich dar in.
sî dâhte: «und lâze ich dich, sô bin
ich schuldic gar umb disen man;
wan ich dich wil ze worte hân.» 150
dorn, nezzel, manic ast
was dâ niht der frouwen gast,
wan sî ir nâhen wâren bî;
aller kleider wart sî frî.
dô diu frouwe wart gar blôz, 155
von bluote ir schœner lîp hingôz.
|| inne des lief zuo der wirt; [CCXVIII ra]
unlange het er sich verirt.
dô brâhte er eine pühel grôz,
diu bran; die frouwen des verdrôz, 160
daz er sô lange was gewesen.
diu frouwe schrê: «ich mac genesen
niht, ir ungetriuwer man,
von dem, daz ir mir habt verlân.»
nu lief er blâsent (im was gâch), 165
dâ er sîn wîp in nœten sach;
er wolte ir helfen. dô er vant
ditze kunter in ir hant,
dô erschrac er unde sprach:
«owê, daz ich iuch ie gesach!» 170
er sprach: «war ist komen der man?»
sî sprach: «nu seht daz ich hie hân,
daz ir mir gâbet in mîn hant.
sô ir dem tiuvel sît bekant!»
er sprach: «gât slâfen, ich weiz wol, 175
daz ir sît bœser triuwen vol.»

---

146 enwart *La*] ward. 157 inne *La*] ine. 159 eine *Be*] ein. 160 frouwen *Ba*] fraw. 165 blâsent *K*] plasende. 168 ir *Be*] irer. 176 triuwen *Be*] untrewen.

der wirt gienc slâfen, und sîn wîp
saz vor dem bette. schier sîn lîp
entslâfen was. diu frouwe gie,
dô sî in sach sus müeden hie, 180
hin in den hof und bat ein wîp,
der gevater was ir lîp.
sî sprach: «gât zuo dem wirte mîn
und sitzet für daz bette sîn.
ret er mit iu, sô swîget ir. 185
ich kume iu, daz geloubet, schier.»
sî sprach: «waz habt ir getân,
daz ir niht selber welt dar gân?»
diu frouwe sprach: «ein zornelîn
ist zwischen uns. nu lât daz sîn, 190
ob er iuch slahe; des ist vil.
daz selbe ich wider dienen wil;
ich wil iu geben ein halp phunt.»
sî dâhte: «und wirde ich von im wunt,
daz würde mit dem halben heil; 195
die andern werdent mir ze teil.»
sî gienc hin und saz hin für
und tet vil lîse zuo die tür.
diu frouwe disem ez wol bôt.
wes sî dô phlâgen, des ist unnôt, 200
daz ich daz ieman tuo bekant.
  Der wirt erwachte. dô er vant
sîn wîp niht an dem bette sîn,
er sprach: «welt ir noch spoten mîn?»
sî sweic. er sprach: «nu legt iuch her!» 205
sî sweic. den rigel zucte er
und legte sî für sich unde sluoc,
unz in selben dûhte genuoc.

---

178 saz *K*] was. 180 sus *Be*] sunst. 195 würde *Be*] wurde. 196 werdent *Ha*] werdñ. 202 erwachte *Ha*] erwachet. 206 zucte *La*] zugkhet. 208 selben *Ba*] selber.

er legte sich nider unde phnach.
aber er zorniclîchen sprach: 210
«gêt ir niht her, iu mac geschehen,
daz ir ungerne muget sehen.»
diu arme dâhte: «und melde ich mich,
sô ist verloren gar, waz ich
leides hie erliten hân, 215
und muoz des guotes abgestân,
daz man mir gît. unsælde hât
mich brâht an dise veigen stat.»
er sprach: «und welt ir niht zuo mir,
sô kume aber ich iu sô, daz ir 220
mich gerne wistet anderswâ.»
er nam den selben rigel dâ
und sluoc ir manigen grôzen slac.
er sprach: «sô ez nu werde tac,
sô jeht, ich habe iuch niht geslagen. 225
ein wortzeichen sult ir tragen,
daz muoz bewæren mir den man,
den ir valschlîch habt verlân.»
die armen er zen füezen swanc
und zucte ein mezzer, daz was lanc, 230
und sneit ir ab ir schœne hâr
oberhalp der ôren gar.
|| er sprach: «ich bin âne angest zwâr, [CCXVIII rb]
daz ir iu müget ein ander hâr
gemachen, als ir ûz dem man 235
einen esel habt getân.»
nu het sô sêre sich erwegen
der wirt, dô er sich wolte legen,
daz er hinviel rehte für tôt.

---

209 legte F] leget. 219 niht K] nu. 221 wistet S] wisset; anderswâ
Be] anderswo. 222 dâ Be] do. 227 bewæren K] bewarn. 229 zen
Be] zun. 230 zucte Be] zugket. 232 oberhalp La] oberthalb. 233 âne
F] on.

Diu frouwe ez wol ir friunde bôt 240
und gap im urloup und gie hin
wider zuo der kemenâten in.
sî sprach: «gevaterîn, ir sult gân,
ich wil ouch triuten mînen man.»
diu arme sprach: «daz triuten mîn 245
mac wol gên im verloren sîn.
ich enweiz, waz ir im habt getân:
ich hân für iuch ein buoze enphân,
der ich gedenken iemer mac.
sô manigen ungehiuren slac 250
het, ich wæn, nie wîp erliten.
dar zuo hât er mir abgesniten
mîn schœne hâr». diu frouwe sprach:
«swer niht lîdet ungemach,
dem wart nie mit gemache wol. 255
billîch ich iuch ergetzen sol.»
   Diu arme gienc ze ir kinden wider.
diu frouwe smucte sich dar nider
zuo ir wirte lîse gar.
vor müede wart er niht gewar, 260
daz in daz vil karge wip
twanc vil nâhen an ir lîp
und twanc ir wengel an daz sîn.
   Dô hôch ûf kam der sunnen schîn,
der wirt erwachte und sach sî an. 265
er sprach: «hiet ir daz ê getân,
sô möhtet ir mit ruowe sîn.»
sî sprach: «waz meinst du, hêrre mîn?»
«ich meine, daz ir vil bœsez wîp
mir habt beswæret mînen lîp.» 270

---

240 ir friunde *Ha*] irn freunden. 248 buoze enphân *Be*] puesse emphan. 257 ze ir kinden *La*] zu iren kinder. 259 ir *Be*] irem. 265 erwachte *Be*] erwachet. 267 möhtet *S*] môcht.; ruowe *Be*] rûe. 268 meinst du *F*] meinstu.

»mit welhen dingen, hêrre mîn?«
er sprach: »wâ ist daz vingerlîn,
daz an iuwer snüere was
gehangen ab hin ûf daz gras
und gelegt an iuwer zêhen? 275
nu welt ir mir daz aberflêhen,
daz ich vergezze solher tât,
die iuwer lîp begangen hât.«
sî sprach: »zwiu het ich daz getân?«
»dâ het ir einen fremden man 280
heizen komen in daz bac.
diu snuor ûf mînem beine lac.
dô er ziehen die began,
dô kam ouch ich. den selben man
begreif ich nâch dem willen mîn 285
bî dem hâr und den ôren sîn.«
sî sprach: »war tâtet ir den man?«
»ir gewunnet mir in an,
alsô daz iuwern valschen lîp
ich iemer hazze, bœsez wîp.« 290
»sît ich in iu angewan,
nu war hân ich in getân?«
»dô gâbet ir vil valschez wîp
mir mînen esel für sînen lîp;
den hieltet ir bî sînen ôrn. 295
habt ir mich für einen tôrn?
dâ bin ich iu doch zuo ze grâ.«
sî sprach: »waz tâtet ir mir dâ?«
»daz ist an iuwerm rucken schîn.«
sî sprach: »seht ir die slege mîn, 300
so sult ir haben ez für wâr.«
sî endacte sich; dô sach er dar.

---

272 wâ *Be*] was. 273 snüere *Be*] schnůre. 280 fremden *K*] frŏmbden. 281 komen *Be*] kumen. 284 den *Be*] dem. 287. 298 tâtet *La*] tet. 292 war *La*] wohin. 295. 296 ôrn: tôrn *F*] oren: toren.

sî sprach: «ist schœn der rucke mîn,
sô mac ez iu wol getroumet sîn.»
er sprach: «nu zeiget iuwer hâr!   305
«war umbe?» «dâ hân ichz iu gar
abgesniten.» «jâ, ir helt,
und habt || ir mich dar zuo erwelt,   [CCXVIII rc]
daz iu von mir troumen sol
daz mînen êren stât niht wol?»   310
er sprach: «ir lât ez ungern sehen».
sî sprach: «und ist ez niht geschehen,
sô sît ir gar âne sin,
sô wizzet, daz ich iemer bin
iu gehaz und wil ez klagen   315
dar zuo allen mînen mâgen.»
er sprach: «den zorn welt ir hân
dar umbe, ich müeze ez iu verlân.
wizzet sîn mac niht geschehen,
ich enmüeze iuch schôn gestrælet sehen.» 320
sî sprach: «welt ir sîn niht enbern,
sô lâze ich iuch ez sehen gern.
sô hân schôn gestrælet ich
gên im, mit dem ir zîhet mich.»
sî brach ir rîsen ab in zorn   325
und sprach: «hân ich mîn hâr verlorn,
daz ist dem leit, durch den ichz tragen
wil an den næhsten vîretagen.»
nu was der frouwen hâr sô lanc,
daz ez ir ûf diu hüffel spranc.   330
der wirt erschrac und dâhte: «ich bin
unsælic und gar âne sin.

---

305 er *Be*] sy. 311 lât ez *Be*] lasset es. 313 âne *Be*] on. 320 ich enmüeze *F*] ich müess; schôn *Be*] schôn. 321 enbern *K*] empern. 324 gên *Be*] gegen. 326 verlorn *Be*] verloren. 328 næhsten vîretagen *Be*] nachsten veyertagen. 331 erschrac *Be*] erschracke. 332 âne *Be*] on.

wes hân gezigen ich mîn wîp!
ez ist billîch, daz mir ir lîp
niemer mêre werde holt; 335
daz hân ich wol gên ir verscholt.
wâfen, wie ist mir geschehen!
und het ich selber niht gesehen
ir schœnen lîp, ir schœne hâr,
ich wolte wænen, ez wær wâr.» 340
er sprach: «liebe frouwe mîn,
nu lâzet iuwer zürnen sîn,
wan ich mit iu geschimphet hân.»
sî sprach: «des sult ir mich erlân,
daz ir die schimphe mit mir hânt, 345
die mir an mîn êre gânt.
nu suochet solher wîbe muot,
die solhe schimphe hân verguot.»
er sprach: «liebe frouwe mîn,
von samît oder baldekin 350
gib ich iu einen mantel guot,
daz ir lât iuwern zornes muot.»
sî sprach: «nu sî durch iuch getân;
ir sults aber fürbaz mich erlân.»
Nu möhte wir des wizzen niht, 355
von welhen dingen diu geschiht
wær geschehen, wan daz wîp,
der zerslagen wart der lip,
diu sagte ez durch solhen muot:
diu frouwe wolte ir niht daz guot 360
geben, daz sî ir het benant;
dâ von wart uns daz mære bekant.
der iuch der âventiure mant,
der ist von Wildonie Herrant.

---

347 suochet s. w. m. *K*] suechet sölhe weib genúg, s. sölhiu wîp gemuot *Be*, s. iu wîp sô gemuot *La*. 350 samît *Be*] samat. 358 wart *Be*] warb. 359 sagte *K*] saget. 363 âventiure *Be*] abentheur.

III

Der nackte Kaiser

Der blôze keiser.

Welt ir nu hœren unde dagen,
sô wil ich iu ein mære sagen,
daz ich ê gelesen hân:
ein tiutsche crônicâ, dâ ez an
ungerîmt geschriben was. 5
dô ich daz selbe mære las,
dô dûhte ez mich vil wunderlîch.
dô bat ein frouwe minniclîch
mich, daz ich ez tihte
und ez gerîmet rihte. 10
nu hân ich ez durch sî getân
|| und bite wîp unde man, [CCXVIII va]
daz sî mich lâzen spotes frî,
ob ez niht wol getihtet sî,
und hân die arbeit mîn für guot. 15
het ich ze tihten wîsen muot:
dâ diende ir gerne mit mîn lîp;
sô liep ist mir daz selbe wîp.

Ze Rôme ein keiser wîlen saz,
der het ez an gewalte baz, 20
danne ich von keinem habe vernomen.
er was an schatze sô fürkomen,

Überschrift: Das pûechel ist von dem plossen kayser.   5 ungerîmt *K*] ungereimet.   11 ich ez *S*] ichs.   15 hân *K*] haben.   17 diende *K*] dienet; ich *vor ir streicht Be*; mîn *K*] meinem.   *vor* 19 *Absatz.*   19 saz *S*] was.

daz er des mêr het danne vil.
nu brach daz guot der mâze ir zil
und verkêrte im den muot, 25
als ez noch vil manigem tuot.
ez huop sô hôch ûf im den sin,
daz er niht wânde, daz man in
iemer funde schadehaft.
ez gap ze denken im die kraft, 30
daz ez niemer möhte geschehen,
daz man in armen solte sehen.
er wânde ouch, ez wære iemer
und zergienge niemer;
in solher aht er wære, 35
als rîche, als êrbære
wære er nâch dem tôde sîn.
und het ein kleinez kindelîn
im solhe danke fürgenomen.
ez möhte wol ze spâte komen. 40
nu dâhte niht hier umbe
der rîche, der tumbe,
daz got unser hêrre Krist,
aller dinge meister ist
und, hêrre aller sache, 45
ze senfte und ze ungemache
alle die volbringen kan,
den er iegeliches gan.
    Nu kam ez nâch des buoches sage:
an dem zwelften suntage 50
nâch phingesten der keiser gie,
dâ man eine messe anevie.
die sanc man hêrlîche;
die hôrte der rîche.

---

25 verkêrte *K*] verkeret. 31 niemer *F*] ymmer. 35 wære *Be*] ware.
40 möhte *Be*] mocht.   46 ze, ze *Be*] zu, zu.   48 den *Be*] dem.
49 buoches *Be*] puechs.

        als diu messe was getân, 55
        er winkte einem capelân.
        zuo dem selben sprach er dô:
        «waz sagt daz êwangêliô?»
        der phaffe sprach: «ich tuonz iu kunt,
        got sprichet ez durch sînen munt. 60
        ein wort uns sagt ze jungest dâ
        Lucas êwangêlistâ:
        swaz sich hœhet, daz wirt nider,
        und swaz sich nidert, daz wirt wider
        gehœhet.» «nein», der keiser sprach. 65
        den phaffen er in zorn ansach
        und harte vîentlîche.
        er sprach: «swer hie ist rîche,
        der sol ouch dort wol rîche sîn.
        waz solte mir diu êre mîn 70
        und alliu mîn arebeit,
        die ich an êre hân geleit?
        und solte ein arm mensch dort wesen
        hœher unde baz genesen
        danne ich, des möhte ich mich wol schamen. 75
        ich geloube sîn niht bînamen.
        ir sît mit solher rede betrogen,
        und swer ez spricht, der hât gelogen.»
        der phaffe sprach: «ich rede niht mê.
        nu seht, daz ez iu wol ergê. 80
        ir jeht, diu rede mich habe betrogen.
        der ez dâ spricht, der hât gelogen
        nie niht bî sînen stunden;
        und alle die man ‖ funden [CCXVIII vb]
        hât reinicliche in reinem leben: 85
        der reinikeit hât er gegeben.

---

58. 61 sagt *F*] saget. 61 jungest *K*] jûngst. 78. 82 spricht *K*]
sprichet. 82 hât *K*] hab. 85 reinicliche *K*] rainklich. 86 der *F*] die.

dâ von ist er al eine,
der reine, ob allen reine.
swer liuget, der *en*ist niht rein.
dâ von wart nie wort sô klein, 90
der ez lüge, daz der sî
got mit reinikeit iht bî.
sît er daz niht für guot enhât,
daz liegen sol sîn hantgetât,
sô wære im selben liegen leit, 95
wan lüge ist ein unreinikeit.»
der phaffe stuont an sîne stat,
der keiser got vil lützel bat.

Der keiser was wol zehen jâr
gewesen ân gerihte gar, 100
dâ von wart wærlîche
sô übel stênt das rîche:
dâ man niht gerihtes vant,
dâ huop sich roup unde brant,
als ez noch gewonheit hât, 105
swâ ez ân gerihte stât.
doch het der keiser sich bewegen,
daz er gerihtes wolte phlegen,
und hiez den lantliuten
einen tac bediuten, 110
an dem er rihten wolte
allez, daz er solte.
ouch het er die gewizzen dran,
daz erz sô lange het verlân,
daz er dar umbe wære 115
gote vil unmære.
    Nu was al der schergen sage,
    ze Rôme über vierzic tage

---

89 enist *K*] ist. 91. 96 lüge *Be*] luge. 95 selben liegen *Ba*] selbe
ze liegen. 100 ân *Be*] on. 101 wærlîche *Be*] warleiche. 106 swâ
Be] wo. 113 dran *Be*] daran.

der keiser wolte rihten
und allez daz verslihten, 120
daz unverslihtet wære.
swer hôrte ditz mære,
beide arm und rîche,
die dûhte ez billîche.
niuwan die man het funden 125
in den selben stunden
an diepstal und an roube,
ob er mit der urloube
den tac het ersprochen?
nein, ez wart gerochen 130
an den selben alsô,
daz sî des tages wârn unfrô.
dô daz zil ein ende nam
und daz lantvolk allez kam,
beide arm und rîche, 135
leien und geistlîche,
nunnen unde phaffen,
die hêten ze schaffen
dâ, ich wæne, genuoc.
dar kam vil manic frouwe kluoc, 140
diu dâ heime wære beliben,
het sî ir nôt niht dar getriben.

 Dô der keiser het vernomen,
daz manic frouwe dar was komen,
diu edel het und schœnen lîp, 145
dô dâhte er: «disiu edelen wîp
diu sehent alle morgen mich;
dâ von ist billîch, daz ouch ich
mich schône bade und kleide fruo,
daz ich in an den ougen tuo 150

---

 122 hôrte *K*] hôret. 125 niuwan *K*] nun. 138 hêten *K*] hetten;
ze *Be*] zu. 141 wære *Be*] ware. 142 het sî *F*] vnd het. 145 edel
het und *S*] edel was vnd het. 149. 150 fruo: tuo *Be*] früe: thûe.

und in dem herzen dester baz.»
der keiser ûf sîn phert dô saz
und reit vil spâte durch die stat.
dâ was bereitet im ein bat,
dâ gie er in, und habte hie vor 155
vil manic ritter vor dem tor.
dem keiser wâren dinnen bî
kleiner junkhêrlîne drî
und solher wîbelîn ein teil,
diu man dâ vindet ringe veil. 160
dô der keiser het gebât,
als man ze bade gewonheit hât,
dô sprach er: «man sol giezen an.
wir suln erwarmen unde gân
zuo den rossen für daz tor; 165
dâ wartent uns || die ritter vor.» [CCXVIII vc]
der keiser legte sich ûf ein banc,
als in diu hitze dâ betwanc;
diu venster wurden zuogetân.
dô gie ûz der tür ein man, 170
der was dem keiser gar gelîch,
sîn lîp, sîn stimme hêrlîch,
als ez der keiser wære.
dô sprungen kamerære
und reichten im sîn badekleit. 175
er sprach: «fürwâr, mir ist daz leit,
daz ich lange hân gebât;
ich wæne, iuch des verdrozzen hât.»
die ritter sprâchen: «hêrre, nein,
ez ist uns ein dienest klein.» 180
er saz ûf und reit mit in
gegen der herberge hin.
den kameræren wart vil gâch,

---

154 bereitet *S*] berait.   164 suln *K*] sollen.   167 legte *F*] leget.

sîn batgewant sî truogen nâch.
der an des keisers stat dô saz: 185
vil manic ritter vor dem az,
mit den er vil schimphes pflac.
 Dannoch der tumbe keiser lac
ze bade und het gemaches vil.
ein badekneht im brach daz spil; 190
der lief zer badestuben in.
er sprach: ‹der keiser *der* ist hin
gevarn an die herberge sîn.›
sus drungen die junkhêrrelîn
und legten balde an sich ir kleit. 195
sî liefen nâch, wan in was leit,
daz der keiser ân sî was
geriten zuo dem palas.
diu venster man ûfwarf zehant:
dâ lac des rîchen sarjant 200
ûf der dillen alles hie.
er lachte des, der hin in gie
und sagte, der keiser wære enwec:
‹wes ligt ir dâ, her schandenflec?›
sprach der knabe dem keiser zuo, 205
‹ir welt vil lîhte morgen fruo
uns überfüeren umb diu kleit,
diu wir dâ hân, daz wære uns leit.›
der keiser sprach: «nu lât her gân
mîne kameræere, ich wil mich an 210
legen und wil ze hûse varn.
got sol iuch hînte wol bewarn.
ich wil mit iu belîben niht,

---

191 zer *Be*] zu der.   192 der *vor* ist *ergänzt Ba*.   194 sus *Be*] sunst.
200 des rîchen sarjant *Be*] des reichen sariant, der rîche s. *L*, der
rîche als ein s. *Z*, des rîches s. *K (Anm.), Ba; (eine überzeugende Textbesserung fehlt)*. 202 in *Be*] ein. 203 sagte *F*] saget. 206 welt *Be*] wolt.

ich wæne, mir *noch* baz geschiht,
dâ ich hînt belîben sol. 215
iuwer kleit stânt mir niht wol.»
der bader sprach: «gê ich nâch in,
sô, wæne, ich ze lange bin,
ê ich sî vinde, der ir gert.
ir habt hiur als vil als vert 220
kamerære und kleider.
der hân ich weiz got beider
in disem hûse niht gesehen
und swaz iu êren ist geschehen;
und gewunnet ir die ie: 225
dem ligt ir ungelîche hie.»
der keiser dâhte: «waz sol daz sîn?
ich wæne, sî niht erkennen mîn.
ich wil selbe gên hin für,
und ist, daz man mir vor der tür 230
niht wartet mit dem badekleit,
ez wirt ir etelîchem leit.»
der keiser gienc hin für daz tor;
dâ vant er nieman dâ vor
noch ûf der gazzen über al. 235
er hôrte aber grôzen schal
an der herberge sîn
und von liehten grôzen schîn;
diu truoc man wider einander sâ.
er hôrte ouch manigen sprechen dâ, 240
daz der keiser hete gâz.
er dâhte: «vil rîcher got, waz
|| bin ich gewesen mîne zît, [CCXIX ra]
sît man mînen namen gît
einem andern, und ich stân 245

---

214 noch *ergänzt Ba.* 221 und *Be*] vnde. 243 ist das *nach* waz *streicht L.*

als einer, der nie guot gewan?»
er dâhte, waz im wære guot.
dô lêrte in daz sîn edelmuot,
daz er sich schamte und lief hin
wider zuo der badestuben in.   250
die badære sprâchen: «ir sult gân
hin für, und welt ir ruowe hân;
tuot ir des niht, iu mac geschehen,
daz ir ungerne müget sehen.»
der blôze sprach: «gesellen mîn,   255
nu lât mich bî iu hinne sîn
durch got; und sît âne angest gar,
daz iu von mir iht widervar,
niuwan daz iu gevellet wol.
mîn herze ist grôzes jâmers vol.»   260
sî sprâchen: «iuwer herzenleit
das soldet ir wol hân gekleit
dem keiser, dô der hinne saz.
der mohte iu des gebüezen baz
danne wir iu; gât hin für!»   265
der blôze weinent gie zer tür.
nâch im sî sparten zuo daz tor;
dâ stuont er jæmerlîchen vor.
ein wadel was sîn niderkleit;
diu vinster naht was im niht leit,   270
wan sî im dacte sîne scham.
  Dô er an die strâze kam,
dô slouf der ellende
von wende ze wende,
unz er kam zem bürgetor.   275

---

246 nie Be] me. 248 lêrte S] lernnet. 252 ruowe Be] rûe. 253 tuot
Be] thuet. 255 gesellen Z] geselle. 257 âne F] on. 259 niuwan
K] nûn. 262 soldet Be] solt. 266 zer Be] zu der. 268 stuont Be]
stuend. 269 niderkleit F] liden claid. 273 slouf Be] sloff. 275 zem K]
zu dem; bürgetor Be] Burge tor.

dâ vant er stân nâhen vor
ein burc, dar ûf *er* het gesat
einen, der was gar sîn rât.
dem het er liebes vil getân.
er dâh*te*: «und sol mich armen man   280
ieman machen sorgen frî,
daz wæn*e* ich wol, daz er daz sî.»
er lief für die burc zehant,
dâ er den torwärtel vant.
den bat er sich lâzen in.   285
er sprach: «sô wær*e* ich âne sin,
lieze ich iuch armen frîheit
her in, ez wurde uns beiden leit.
dâ von mugt ir sîn wol enbern.
mîn hêrre siht niht tôren gern.»   290
er sprach: «sô gêt hin, sælic man,
und bitet in *her* zuo mir gân
und sagt im heimlîch alsus,
ich sîz der keiser Gornêus,
der im vil liebes hab*e* getân;   295
des sol er mich geniezen lân.»
der alte man gie hin zehant,
dâ er sînen hêrren vant.
er sprach: «ez ist ein man dâ vor,
hêrre, vor dem bürgetor,   300
der bat sich nennen iu alsus,
er sîz der keiser Gornêus
und bat mich balde nâch iu gân.
er jach. er het iu wol getân.
er ist ein blôzer keiser gar;   305
sîn lîp ist als mîn vinger bar.»

---

277 er *ergänzt K*. 279 liebes vil *K*] vil liebes. 286 âne *Be*] on.
288 her in *Be*] herein. 289 mugt *K*] muget; enbern *K*] empern.
292 her *ergänzt S*. 293 sagt *K*] saget. 294. 302 sîz *Be*] sey es.
300 bürgetor *Be*] burgetor.

der hêrre sprach: «ich wil dar gân,
durch lachen sehen den tumben man.»
der hêrre gie hin für daz tor;
dâ vant er jenen wartent vor.   310
als er den blôzen angesach,
wider sich selben er dô sprach:
«ei, lieber got, waz sol daz sîn?
der ist gelîch dem hêrren mîn
an lîbe und an hâre   315
und an aller der gebâre,
die mîn lieber hêrre hât;
und het ich in in der stat
iezuo ob sînem tische niht lân,
ich wânde des, ez wære der man.»   320
der blôze sprach: «hêr friunt mîn,
ich bin ze den genâden dîn
her bekomen, nu gib || mir rât, [CCXIX rb]
mîn dinc mir jæmerlîchen stât.
gedenke des, ich hân dir wol   325
getân, dâ von dîn triuwe sol
mir râten von den sorgen mîn.»
der hêrre sprach: «wer wænt ir sîn?»
der blôze sprach: «wie redest du sus?
ich binz dîn hêrre Gornêus,   330
der dir vil liebes hât getân.
dû weist vil wol, ez wart nie man
dem ich ez büte an dîner stat.
nu bist duz ein mîn næhster rât
ie gewesen und soltz noch sîn,   335
gewinne ich wider die êre mîn.»
der hêrre sprach: «ir sult abgân.
ich hân mînen hêrren lân

---

319 iezuo *Be*] yetzo; niht *Be*] nit. 321 hêr *S*] herre. 322 ze *K*] zu.
328 wænt *Be*] wånet. 329 redest du *F*] redestu. 333 büte *Be*] pute.
334 ein *K*] nu; næhster *Be*] nachster. 335 soltz *Ba*] solsts.

mit êren ûf dem palas wît.
sît ir im aber gelîche sît, 340
sô nemt des knehtes roc, der ist grâ,
und loufet von der bürge sâ;
und nennet ir iuch mêr alsô,
ir wert des namen vil unfrô.»
der arme sprach: «mîn bester trôst, 345
des bin ich leider nu belôst.»
 Weinent lief er in die stat,
dâ er des almuosens bat
in der kuchen manigen kuchenkneht.
sî sprâchen: «billîch unde reht 350
ist, daz man iuch hâhen sol,
sît ir iuch niht betragen wol
mugt und doch habt starken lîp;
nu sît ir glanz reht sam ein wîp
an lîbe und an hâre. 355
wir geben iu niht zewâre
wan daz uns ist ân allen fromen,
und mac iu daz ze staten komen.»
diu schüzzel, die sî wurfen hin,
daz was die naht sîn bester gewin; 360
daz az er unde het genuoc.
des morgens er den zuber truoc
ze kuchen manigen wazzers vol.
ich wæne niht, daz ez im wol
tet. als er die ahsel want, 365
sô wart im ein slac zehant.
sî sprâchen: «wê, ir fûler frâz,
ir woltet slâfen, het ir gâz.
iu mac noch iuwer fûlikeit

---

341 nemt *Be*] nemet. 342 bürge *Be*] burge. 348 almuosens *K*] Almûsen. 351 hâhen *K*] haben. 353 mugt *F*] muget. 357. 358 fromen : komen *Be*] frummen : kumen. 363 ze kellere vnd *vor* ze kuchen *streicht Be*.

prüeven manic herzenleit. 370
oder sît ir dâ von muotes rîch,
daz ir dem keiser sît gelîch?»
als ofte man im daz verweiz,
sô gienc in an ein angestsweiz
und wart des merkens vil unfrô; 375
er schamte sich sîn selbes dô.

Dô man des morgens hete gâz
und er bî sînem gesellen saz,
mit dem er den zuber truoc,
der kuchenmeister des gewuoc, 380
der keiser wær ze gerihte komen.
dô daz der arme het vernomen,
dô dâhte er im, er solte gân
und schouwen ditz wunder an:
«wer der hêrre müge sîn, 385
der waltet hie der êren mîn?»
er gienc über den market sâ.
dâ sach er, daz vil manigem dâ
sîn houbet was geslagen abe;
ob den was grôziu ungehabe 390
von wîben und von mannen.
er sach ouch manigen dannen
füeren wider den willen sîn,
dem ein tuoch der ougen schîn
het benomen. vil maniger lac 395
ûf dem rade, der schrîens phlac.
diu dille manigem edelen man
den tac sîn houbet angewan.
er sach ûf hürden brinnen ouch
vil manigen un || geslahten gouch. [CCXIX rc] 400
er sach der tôten gar genuoc,

---

386 dann *vor* waltet *streicht* K.   388. 397 manigem *F*] manigen.
399 hürden *Be*] hurden.

den er vil holden willen truoc
und den er niemer het getân
kein leit, swaz sî heten begân.
dô er daz gerihte sach, 405
wider sich selben er dô sprach:
«hêrre got der rîche,
du hâst mir billîche
genomen mîn êre und hâst sî geben
dem, der hêrlîch kan leben. 410
daz solte ich allez hân getân.
swaz ich des versûmet hân,
erfüllet ieman ander daz,
dem wære ich âne schulde gehaz,
wan er ist, der êren gert. 415
sô bin ich aller schanden wert;
ich hân niht unz her getân,
wan daz ich guotes vil gewan,
und wart dâ von nie mensch gefreut.
diu untât nu mîm herzen dreut. 420
swaz mir die armen hânt gekleit,
daz wart mit silber hingeleit,
und gie daz allez in mîn schrîn;
und jener muose der klagender sîn.
ir klage ist, wæne ich, komen für got; 425
dâ von bin ich der werlte spot.
er hât in ez gerihtet sô,
daz ich ir klage stân unfrô.
swaz sî geklaget hânt, daz ist wâr;
ich gibe mich alles schuldic gar, 430
got hêrre, ûf die genâde dîn;
ich wil dir iemer büezent sîn
ûf dîn genâde, swie du wil.

---

414 âne *K*] on.   420 mîm herzen dreut *S*] mein hertze treût.
421 hânt *K*] han.   424 muose *F*] mûsset.   426 werlte *K*] welte.
432 büezent *K*] pùessende.   433 dîn *Be*] dem.

mîner bôsheit der ist vil,
ouch ist dîner güete mêr. 435
swaz ich getân hân unz her:
dâ kêre dîn genâde zuo,
daz ich es niemer mêr getuo.»
er dâhte: «ich solte fürbaz gân
und schouwen disen biderben man, 440
den man hât an mîner stat
und der mîn rîche besezzen hât.»
er gie für die schranken stân
und slouf hin durch von man ze man.
er dranc hin durch in swacher kür, 445
unz im daz houbet kam hin für
durch daz volc, daz er ansach
den rihter, dem man êren jach.
der jach man im von rehte wol,
wan er was aller tugende vol. 450
der arme nam vil kleine war,
ob er im wær gelîche gar;
nu pruofte er an im sicherlîch,
daz er im was sô gar gelîch,
als er sich selben het gesehen. 455
alsô muose er dâ der volge jehen
in allen und dûhte in billîch,
sît er im was sô gar gelîch,
daz in daz lantvolc het für in.
er dâhte: «dar zuo sô ist sîn sin 460
sô edellîch für mich gestalt,
daz ers genôz und ich entgalt
wider im, wan ez ist reht,
sît got ist aller dinge sleht
ze rihten über alle die, 465

---
434 mîner *K*] mein.   438 getuo *Be*] gethue.   444 slouf *Be*] sloff.
453 pruofte *F*] brüefet.   456 muose *F*] muesset.   460 sîn *He*] mein.
462 genôz *Be*] genosse.   463 im *ergänzt Ba.*

alse wir dâ würken hie.»
diu besten kleit, diu mohten sîn
iendert in des rîches schrîn,
diu het an im der reine gemuot
und ouch des rîches krône guot. 470
 Der reine zuo den fürsten sprach:
«und wære ez iu niht ungemach
und ez mit rehte möhte sîn,
ich wolte in die kemenâten mîn
ein wîle gân und komen wider 475
und aber zuo iu sitzen nider.
die wîle sitze ein fürste her
und tuo || daz reht, swers an in ger, [CCXIX va]
an mîner stat nach der urteil».
die fürsten sprâchen: «gât mit heil. 480
ir habt die zît mit got verzert:
daz lantvolc wol von rehte swert,
daz wir ez nie mêr hân gesehen,
daz solh gerihte sî geschehen.»
man half im von dem sezzel abe. 485
er gie hin, dâ der swache knabe
sîn houbet durch die liute want,
der ê der keiser was genant.
er fuorte in bî dem schophe hin
mit im zer kemenâten in. 490
nâch im daz gadem er zuo slôz;
den armen sêre daz verdrôz.
der hêrre sprach: «wie gât ir sus,
vil tumber keiser Gornêus?»
der arme weinde und viel für in. 495
er sprach: «genâde, hêrre ich bin

---
468 rîches *Be*] reichen.   476 iu *K*] in.   477 fürste *Be*] furste.
479. 480 urteil: heil *S*] urtaile: hayle.   489 fuorte *Be*] fuert.   490
zer *Be*] zu der.   491 daz g. er *S*] er das g.   493 gât *K*] gar.   495
weinde *K*] wainte.

sîn niht, der solher êren gert;
ir sît ez unde sîts ouch wert.»
der hêrre sprach: «nu sage fürbaz,
und wilt du noch gelouben daz, 500
daz unser hêrre Jêsus Krist
aller dinge meister ist
und nidert, swen er nidern wil,
und daz im niemer sî ze vil
deheiner êren den ze geben, 505
die man hie siht nâch êren leben?
von wem hâst du die êre dîn
gehabt und nu hâst schanden pîn?
diu beide hât dir geben got,
die êre und nu der werlte spot. 510
du wândest ie, dir het gegeben
dîn êre dîn gewaltic leben.
du sihst wol, dîn gewalt ist klein,
ez welle danne got al ein.
du jæhe dîn phaffe wær betrogen 515
unde got der het gelogen.
sage an, wâ næme du daz wort,
sît got ist aller tugende hort
und aller reinikeit ursprinc?
du vil armer müedinc, 520
erkenne, der dir hât gegeben,
ob du wilt, êre, guot und leben;
dâ von sô rihte den willen dîn
stæte nâch dem willen sîn.»
der arme weinent vor im lac, 525
an sînem fuoze er riuwen phlac

---

501 Jêsus *K*] jhesus. 504 sî *ergänzt He.* 510 werlte *K*] welte.
511 ie *Ba*] die; het *K*] hette. 513 sihst *K*] syhest. 513. 514 klein:
al ein *S*] klaine: allaine. 515 jæhe *F*] iahest. 516 der *ergänzt F.*
517 wâ *Be*] wo; næme *K*] namest. 521 den *vor* der *streicht K.*
526 fuoze *Be*] fuesse.

über al die schulde sîn.
er sprach: «genâde, hêrre mîn,
ich gibe mich schuldic gote und iu,
daz ich bin valsch und ungetriu 530
mînem schepher her gewesen;
und welt ir helfen mir genesen,
nâch iurem râte ich leben sol,
sît ir bekennet mich sô wol.»
er sprach: «sît du dich schuldic hâst 535
geben und dich nu wîsen lâst,
sô stant ûf und merke mich:
gotes engel der bin ich.
nu nim hin dîniu keisers kleit
und lâ dir fürbaz wesen leit 540
allez, daz dir niht gezeme
und swaz dir gotes hulde neme.
merke, dir hât got getân
baz danne einem andern man,
daz er dich hie gebezzert hât. 545
und wilt du fürbaz mînen rât
behalten, sô wirt dir gegeben
nâch diser wunne ein wunneleben.»
als im der engel angeleit
sîniu keiserlîchiu kleit 550
und im die krône guldîn
satzte ûf daz houbet sîn,
er sprach zem keiser al zehant:
«nu habe dir wider dîniu lant
unde dîne hêrschaft. 555
bis biderbe unde herzenhaft
an alle || diu, daz sî nâch got; [CCXIX vb]
des bin ich zuo dir gotes bot.»
er viel im gên den füezen sîn

---
527 al *Be*] alle. 549 angeleit *Be*] anegeleit. 552 houbet *Be*] haubte.
553 zem *Be*] ze dem. 559 gên *K*] gegen.

und sprach: «genâde, hêrre mîn, 560
nu wert mîn bürge hin ze got,
daz ich wil alliu sîn gebot
mit guotem willen mêr begân.»
hie mit der engel schiet von dan.
 Der keiser gie zen fürsten wider 565
und saz an daz gerihte nider.
nieman melden in began,
wan er was als der getân,
der ê an sîner stat dâ saz.
ob er den armen rihte baz, 570
danne er dâ vor het getân?
jâ, dâ habt niht zwîvel an.
 Daz teidinc werte zwelf tage.
dô er verslihte al die klage,
dô bat er eine stille geben. 575
er sprach zen fürsten: «ich wil leben
fürbaz nâch iuwerem willen sô,
daz ir mîn sît ze hêrren frô.
ich bite iuch, heizet ruofen hie,
daz zuo mir komen alle die, 580
den ich iht leides hân getân.
die wil ich alsô von mir lân,
daz sî sîn die wünscher mîn;
und swem ich iht des erbes sîn
ân des rîches reht vor hân, 585
dem wil ichz allez wider lân.
hân ich ân reht mîn mûte dehein,
die lâze ich ab. ez ist unrein
daz guot, daz ich dâ mit gewan.
mîne münze lâze ich stân 590

---

565 zen *Be*] zu den.   573 teidinc *K*] tåding; werte *Be*] werete.
574 verslihte *K*] verschlichtet; al *Be*] alle.   576 zen *Be*] zu den.
578 hêrren *Bech bei S*] herzen.   479 ruofen *K*] rûeffen.   580 komen
K] kumen.   583 sîn *K*] sint.   587 ân *Be*] on; dehein *F*] kein.

als lange, und iu gevellet wol
und ez daz lantvolc hât für vol.
und habt ir iendert bœsez reht,
daz wirt nâch iuwerem willen sleht.»
die fürsten sprâchen: «hêrre guot, 595
wir loben got, daz iuwer muot
sich hât vereinet nu mit got.
dâ von sô sul wir iuwer bot
ie mêr tuon williclîche,
beide arme und rîche.» 600
der keiser tet, alz er ez het
gelobt den fürsten, an der stet:
er teilte alsô sîn varent guot,
daz von im was wolgemuot
alles daz dâ volkes was. 605
 Heimlîch er gie ûf sîn palas
und sant nâch den, die im dâ bî
wâren nützer fürsten drî:
ein bischof und ein abbet grîs
und ouch sîn bîhtigære wîs. 610
der keiser sprach: «nu râtet an,
sît daz ich gar vergolten hân
allen, die sîn hânt gegert:
die sint vil reiniclîch gewert.
noch ist mir über worden guot, 615
dâ mit ich willen unde muot
hân ze stiften clôster vil,
wan ich sîn niht behalten wil.
ez ist mich *niht* mit reht ankomen
und hât mir nâch mîn sêle benomen. 620

---

598 sul *K*] sol. 601. 602 het: stet *K*] hat: stat. 603 teilte *Be*] tailet. 604. 605 *wohl verderbt. Hs*: daz alles das was wolgemût von Im alles das volck was; *im Text die Konjektur von Bech (bei S), die aber nicht voll überzeugt.* 608 nützer *K*] nutzer. 613 den *vor* die *streicht F.* 617 ze *Be*] zu. 619 niht *ergänzt F.*

dâ von wil ich sîn niemer mê
gewinnen alse vil als ê.
sî daz iu iht gevalle baz,
daz tuon ich unde lâze daz.»
sî sprâchen: «hêrre wer wære der,   625
der iu sô reiniclîcher ger
widerriete oder umbe waz?
got wære billîch dem gehaz.»
der keiser sprach: «sô nemtz iuch an;
ich gibe iu allez, daz ich hân   630
an golt, an silber, des ist vil
(wan ich fürbaz niht schatzen wil,
wan waz mir mîn reht bejage).
daz wil ich teilen alle tage
durch got und *durch* des rîches nôt.   635
ich wil daz schaffen, lige ich tôt,
|| daz der tiuvel dâ iht sî [CCXIX vc]
mir nâch mînem scheiden bî.»

Der keiser rihten sich began,
daz beide wîp unde man   640
ez heten dâ für und was wâr,
daz er wære heilic gar.

Nu bite ich got, daz er durch in
mir reine mînen tumben sin.
hêrre got, diu tugent dîn   645
diu ist an disem hêrren schîn
in diser werlte worden gar.
der het ê vil und wart dô bar
êren unde kleider.
dâ nâch gæbe du im beider   650
in diser werlte genuoc.

---

628 wære *Be*] war. 635 durch *vor* des *ergänzt Ba.* 638 scheiden
Ba] schaden. 644 reine *S*] rainig. 647 werlte *K*] welt. 650 gæbe
F] geb. 651 werlte *K*] welte.

du mach*t*est in gên dir sô kluoc,
daz er dir hât verdienet an
daz beste, daz ie mensch gewan:
daz ist dîn rîche, vil rîcher Krist.   655
sît du sô voller tugende bist,
sô erzeige an mir die tugende dîn
und tuo daz durch den willen sîn,
ze vordrist lieber *got* durch sî,
diu dir ist aller næhste bî: 660
daz ist diu edel muoter dîn.
durch alle die dir liep sîn
ze himel oder ûf der erde,
sô schaffe, daz ich werde
hie gar mîner sünden bar   665
und êwiclîchen wol gevar.
des ger ich armer Herrant
von Wildonie genant.

---

652 machtest *K*] machest; gên *Be*] gegen.   659 ze *K*] zu; got *ergänzt Ba.*   660 aller næhste *K*] allernachste.   668 v. Wildonie g. *K*] v. Wildenaw g. Amen.

IV

Die Katze

Diu katze.

Ein katze lac und het gemach;
ûf einem oven daz geschach.
ir man ein kater stuont dâ bî,
der was sînes muotes frî.
er ranzte sêre und sach sich an; 5
er sprach: «ein tier sô wolgetân
als ich, daz wæne ich iendert sî,
und bin doch diser katzen bî.
ich bin küene und dar zuo starc,
ich bin snel und dar zuo karc, 10
schœne und edeles lîbes.
sol ich dâ bî des wîbes
mich betragen, diu hie lît,
sô het ich gar mîne zît
verzert mit swachen dingen. 15
mir sol noch baz gelingen.
sô edel sô schœne ist niendert wîp,
sî *en*minne gerne mînen lîp.
dâ von wil ich durch minne varn.
got sol iuch ân mich wol bewarn!» 20
  Er dâhte, wâ er funde ein wîp,
diu edel het und schœnen lîp,
und het dâ bî gewaltes vil.
er dâhte: «fürbaz ich *en*wil

Überschrift: Ditz püechel ist von der katzen. 18 enminne *F*] mynne. 21 wâ *Be*] wo. 22 schœnen *Be*] schonen. 24 enwil *Ba*]wil.

wan zuo der sunnen, diu hât maht. 25
ir schîn hât al die werlt bedaht.»
er kam zer sunnen unde sprach:
«vor maniger zît ich nie gesach
deheine brût sô wolgetân,
und welt ir loben mich ze man, 30
sô lobe ich iuch ze rehter ê.»
diu sunne sprach: «nu sagt an mê.
wie ist iuch der muot ankomen?
war umbe habt ir niht genomen
ein wîp, diu sich iu füeget baz?» 35
«daz hân ich lâzen umbe daz,
ich wil ein wîp, zuo der gewalt
sich || hânt deheiniu dinc gezalt.» [CCXX ra]
diu sunne sprach: «wil iu gezemen,
sô mugt ir wol ein andre nemen, 40
diu hât gewaltes mêr danne ich.»
der kater sprach: «dar wîset mich.»
diu sunne sprach: «sô ich ûfgân
und gar in mînen kreften stân,
sô kumt gewalticlîchen dar 45
ein nebel und benimt mir gar
mînen wünniclîchen schîn.
der gewalt muoz grœzer sîn,
daz mugt ir selber wol verstân;
die nemt ze wîbe und wert ir man.» 50
der kater sprach: «sô var ich fürbaz,
daz sult ir lâzen âne haz.
bî dirre schœne manicvalt
solte ich wol hân gewalt.»

---

27 zer *Be*] zu der.   30 welt *Be*] wolt.   33 ankomen *Be*] ankumen.
38 hânt *Be*] han.   39 gezemen *Be*] gezamen.   40. 49 mugt *K*] mûgt.
45 kumt *Be*] kumet.   48 grœzer *Be*] grosser.   52 âne *Be*] one.   53
bî d. sch. m. *Z, Ba*] bey Thier schone m.   54 solte ich *F*] solt ir.

    Der kater fuor. dô er an sach 55
    den nebel, zühticlîch er sprach:
    «got êre iuch, frouwe wandels frî,
    ich wil mit stæte iu wesen bî
    und wil mir iuch ze konen nemen.»
    «war umbe wil iu des gezemen?» 60
    «daz sage ich iu: ein wîp ich wil,
    diu sô gewaltes habe vil.
    durch schœne und durch gewalt was ich
    zuo der sunnen, diu hât mich
    gewîset zuo iu unde sprach, 65
    des ich ir niht ze prîse jach.
    sî sprach, ir het gewaltes mê
    dan sî; daz tuot *mir* iemer wê;
    wan ich wær gerne dâ beliben.»
    der nebel sprach: «iuch hât getriben 70
    zuo mir, daz manigen tumben man
    niht gemaches lât enhân.
    welt ir gewaltic hân ein wîp,
    sô vart dar wîset iuch mîn lîp:
    dem winde ich kan gestrîten niht. 75
    swie hôch, swie dicke man mich siht
    ûf bergen und in allen taln,
    dâ lât er niemer mich entwâln,
    er *en*trîbe mich unz an die stat,
    dâ mîn gewalt gar ende hât.» 80
    der kater sprach: «ich var dâ hin;
    mich hât betrogen hie mîn sin.»
      Er vant den wint gewaltes rîch.
    er sprach: «ich bin vil sæliclîch
    her bekomen, frouwe guot.» 85
    der wint sprach: «sagt mir iuwern muot.»

---

64 sunnen *Be*] sunne.   68 *mir ergänzt K.*   77. 78 taln: entwâln *K*]
talen: entwalen.   79 entrîbe *F*] tribe.

«den sage ich iu: ich hân den muot,
daz mich niht wîbes dunke guot,
wan diu müge vil gewaltes hân.
zem nebel was ich, der hât lân 90
mich gar âne ende von im varn.
er jach, welle ich mich wol bewarn
mit einem wîbe hêrlîch
und diu gewaltes wære rîch,
sô solte ich nemen iuch ze trût. 95
nu hœre ich iuch in solher lût,
daz ich gewalt hie ze iu verstân.»
der wint sprach: «sô ir sît ein man,
der durch gewalt ein konen wil,
die zeige ich iu, diu hât sîn vil 100
und ist mir hie nâhen bî;
diu hât gewalt mêr dan mîn drî:
ein œde mûre bî mir lît,
an die hân ich bî mîner zît
geblâsen und gestürmet vil. 105
nu hât sî unz an ditz zil
erwert sich aller mîner maht,
daz ir niht vallens ist gedâht.»
der kater sprach: «des wundert mich,
daz iht dinges ist, daz sich 110
vor iuwerm büllen mac bewarn.
ich muoz et aber fürbaz varn.»
  Er kam zer mûre unde ‖ sprach: [CCXX rb]
«mir ist liep, daz ich iuch ie gesach
durch iuwer grôze êrbærkeit. 115
mir hât der wint von iu geseit,
des ich zewâr geloube niht,

---

89 diu *K*] du; müge *F*] mügest. 90 zem *Be*] zum. 92 welle *Be*]
wel. 97 ze iu *Be*] zu euch. 111 iuwerm; bewarn *Be*] ewֿrem; bewaren.
112 muoz *Be*] mues. 113 zer mûre *Be*] zu der maůr.

sô gedultic man iuch siht.
sült ir dâ bî gewaltes phlegen?
sô hân ich, wizzet, mich bewegen, 120
swenne ich hôrte den wint sô varn,
ir sult iemer iuch bewarn
vor im ein sumerlange naht.
dô sagte er mir, ir habt die maht,
daz ir sît wol hundert jâr 125
vor im gewesen sorgen bar.
sît ir vor sînem sturm genesen,
sô wil ich stæte mit iu wesen
und wil iuch êrbæriclîchen hân.»
diu mûre sprach: «daz ich hie stân, 130
daz ist von gewalte niht.
ein kleinez kunterlîn man siht,
daz hât gewaltes mêr danne ich,
des kan ich niht erweren mich.
ez hât wol tûsent loch gemacht 135
in mich; nu ist mir niht gedâht,
daz ich mich sîn erweren müge.
seht, ob ich iu ze wîbe tüge.
hie ist ez frouwe und ich sîn hûs.
zewâre ez hât diu selbe mûs 140
mit mir gewaltes mêr getriben
dan der wint, vor dem ich beliben
wære noch vil lange stunt.
ez hât von oben unz in den grunt
gekrenket mich mit sîner maht, 145
daz mir ze vallen ist gedâht.»
der kater sprach: «mîn tumbiu vart
wær mit iu niht wol bewart.
waz solte mir ein krankez wîp?

---

121 swenne K] wann. 122 sult Be] solt. 124 sagte K] saget.
129 êrbæriclîchen F] erberclichn. 142 dan F] wann; *vor* ich *unterpungiertes* bin.

swie kleine sî der miuse lîp, 150
sô nime ich sî durch ir gewalt.»
er sprach: «ez ist gar manicvalt
mîn ungelücke ze mîner ê.
mir mac noch ofte werden wê,
ê ich durchvar gar alliu lant.» 155
er sprach: «nu tuot mir daz bekant,
wâ ich sî vinde, der ich ger.»
diu mûre sprach: «nu luoget her,
sî lît an ir gemache hie.»
    Der kater blîdiclîch dar gie. 160
er sprach: «got êre iuch fröuwelîn,
ich wil mit iu gewîbet sîn;
ir sît mit mir gemannet wol.
diu mûre hât mich freuden vol
gemachet; sî hât mir gesaget, 165
daz mir zewâre wol behaget.
sî giht, ir habt gewaltes vil;
dar umbe ich fürbaz niht enwil.
nu gêt her für, ich nim iuch gern.»
diu mûs sprach: «des wil ich enbern, 170
ich kume zuo iu niht für daz hol.
welt ir gewîbet werden wol,
sô sult ir nemen mîn meisterîn.»
der kater sprach: «wer mac diu sîn,
durch die ich iuwer mich bewige?» 175
diu mûs sprach: «stæticlîch ich phlige
solher huote vor ir zorn:
kæme ich hin für, ich wær verlorn,
dâ sî begrîfen möhte mich.
unz an den dritten tac bin ich 180

---

150 miuse *Be*] maûse. 151 ir *Be*] iren. 157 wâ *Be*] wo. 158 mûre *Be*] maus. 170 enbern *Be*] empern. 175. 176 bewige: phlige *Ba*] bewege: phlege. 177 huote *Be*] huete; ir *Be*] irem.

ungâz und ungetrunken gar,
dar umbe, daz ich mich bewar
vor ir grimmiclîchem zanen.
nu stêt ûf hôher, ir welt manen
mich der frouwen grimmiclîch, 185
wan ir sît ir gar gelîch.»
der kater sprach: «wer mac diu sîn,
diu mir habe gelîchen schîn?
|| ich wæn wol, ir erjaget mich.» [CCXX rc]
diu mûs sprach: «hêrre, nein ich. 190
sî ist rehte als ir getân.
vor vorhten ich iu niht enkan
bediuten, wie ez ist gewant
umb sî, wan daz sî ist genant
mîn frouwe katze. wenne ich sol 195
sî nennen, daz tuot mir niht wol».
der kater sprach: «ir sult niht mê
den namen nennen alsam ê.
ich, wæn, daz wîp bekenne wol.
und sol ich haben die für vol, 200
die ich ê versmæhet hân?
ich hân zewâre missetân.
sî was mir biderbe und edel genuoc.
daz ich der tôrheit ie gewuoc,
daz mac dan *an* mir ergân. 205
wie sol ich sî gesehen an?
ich hân einen trôst gên ir:
sî hât erzeiget wîlen mir
triuwe und manige diemuot.
nu muoz mich von ir dunken guot, 210
des ich het wîlen guoten rât,

---

183 ir *Be*] irem; grimmiclîchem *F*] grymmiklichen; zanen *S*] zanne.
184 manen *S*] manne. 197 niht *K*] mir. 198 namen *Be*] nam. 205
an *ergänzt K*. 209 diemuot *Be*] diemüt.

sît sî mîn lîp beswæret hât.
sî mac daz wol an mir verstân;
und möhte ich sî verbezzert hân,
ich wære bî ir niht beliben. 215
nu hât her wider mich getriben,
daz man anderswâ niht ruoche mîn.
sol ich ir willekomen sîn,
sô muoz sî sîn gar tugende vol;
ich hân ez niht gedienet wol. 220
owê, wie wirt gên mir ir gruoz?
ich wæne, daz ich lîden muoz
vil manige smæhe, daz ich ir
erzeige mînes herzen gir
und des hân stæticlîchen wân, 225
daz sî sîn ist fürbaz erlân.
ich wil zuo ir, swie ich gevar.
nu wünschet mir gelückes dar.»
Der kater fuor, dô er ansach,
die katze, diu het ir gemach, 230
dâ er sî ê oft het gesehen.
er sprach: «mir ist vil wol geschehen,
daz ich die rehten frouwen mîn
hân funden, bî der ich sol sîn.»
diu katze ûfblicte und sach in an. 235
sî sprach: «daz mac mir wol versmân.»
sî legte sich nider an ir gemach.
der kater vorhticlîchen sprach:
«nu gunnet mir ze reden mit iu.»
diu katze sprach: «sît ir getriu? 240
des suln iu die kunden jehen.

---

212 mîn *Be*] meinen. 217 anderswâ *Be*] anderswo. 218 willekomen *Be*] willekumen. 223 smæhe *K*] schmahe. 225 stæticlîchen *Be*] statticlichen. 230 ir *Be*] iren. 231 er sî *F*] ers. 233 rehten frouwen *Be*] rechte frawe. 239 gunnet mir ze *He*] gewynnet mir ye ze. 241 suln *F*] sűllen.

sagt an, wie ist iu geschehen?
nu wârt ir schœne und starker lide;
hât man iuch an einer wide
behalten, dar ir wârt gegân 245
und woltet mich verbezzert hân?»
er sprach: «ein wide ich hân getragen
umb mînen ungetriuwen kragen.
mîn untriuwe ist mir ein wide.
frouwe, nu lât ez wesen fride 250
und vergebt mir: übel ich hân
nâch manigen triuwen iu getân.
doch hân behalten ich ein wort,
daz mir an nœten ist ein hort
(ich wil iu fürbaz wesen sleht): 255
genâde ist bezzer danne reht.»
diu katze sprach: «tæte ich nâch iu
so wære ich als ir ungetriu;
ich wil ez mînhalp bezzer lân,
wan ich sihe iuch in riuwen stân. 260
swen riuwen wil sîn missetât,
des mac mit freuden werden rât.»
 Wem ditz mære gelîchen kan,
daz sage ich iu: ein ietslîch || man [CCXX va]
sol sînen hêrren hân für vol. 265
als er in wænt verbezzern wol,
so hât er ze arge in gar verkorn,
und ob er hœher ist geborn
und rîcher, dan der êrste was,
mit dem er enenher genas. 270
als er ze eim fremden ist gegân,
sô muoz er êrste heben an

---

243. 245 wârt *K*] waret. *vor* 263 *Absatz.* 266 wænt *K*] want.
267 ze arge *K*] zarg. 268 hœher *Be*] hoher. 270 enenher *Ba*] enher.
271 ze eim *F*] zun. 271 fremden *K*] frômbden. 272 er *ergänzt Be.*

und muoz dienen ûf die tage,
daz er dem selben wol behage.
und wære er dort bî im beliben, 275
bî dem er het sîn zît vertriben,
der müese denken im dar an,
daz er im dienst ê het getân.
dient er dem fremden durch gewalt,
sô ist er tump und einvalt, 280
wan der gewalt sîn selbes ist.
daz hilfet disen ze langer frist
niht, wan daz er smâcheit
nâch dienest al den tac vertreit.
als man in versmæhet hât, 285
und daz er daz wol verstât,
sô vert *er* aber fürbaz.
sô widervert im aber daz.
als er des vil versuochet hât,
sô denket er hin an die stat, 290
dâ er sîn jugent hât vertriben.
er gedenket: wære ich dâ beliben,
sô het ich noch die triuwe mîn
und möhte ez noch gebezzert sîn.
er vert hin heim, und vindet er 295
den hêrren sîn in solher ger,
daz er *in* fürbaz hât für vol,
dem hêrren sol er dienen wol;
und lâze al sînen übermuot
und habe die katzen sîn für guot. 300
den rât iu râtet Herrant
von Wildonie genant.

---

277 müese *K*] müss. 279 fremden *K*] frômbden. 282 ze *Be*] zu.
285 versmæhet *K*] verschmahet. 287 er *ergänzt K*. 289 versuochet
Be] versuechet. 296 solher *Be*] solicher. 297 in *ergänzt K*. 299 al
Be] allen. 302 Wildonie *K*] Wildonien.

Bei Fragen zur Produktsicherheit wenden Sie sich bitte an:
If you have any questions regarding product safety,
please contact:

Walter de Gruyter GmbH
Genthiner Straße 13
10785 Berlin
productsafety@degruyterbrill.com